Bitcoin :

Décoder le Whitepaper de Satoshi

Introduction

La révolution numérique apporte son lot d'innovations, mais aucune n'a été aussi perturbatrice et transformatrice que la cryptomonnaie. À l'épicentre de cette révolution se trouve Bitcoin, la première cryptomonnaie jamais créée, dont l'impact sur le monde de la finance, de la technologie et même de la société dans son ensemble continue de résonner aujourd'hui. Bitcoin, bien plus qu'une simple monnaie numérique, est une idée révolutionnaire, une nouvelle manière de concevoir la confiance, la propriété et la transmission de la valeur à travers le monde.

Cependant, pour beaucoup, la première rencontre avec le concept de Bitcoin peut être intimidante. Les termes techniques, les aspects mathématiques et l'ensemble du domaine de la blockchain peuvent sembler obscurs, voire inaccessibles. Mais il est essentiel de rappeler que la vision de Bitcoin, telle qu'elle a été décrite pour la première fois dans le livre blanc de Satoshi Nakamoto, est essentiellement accessible à tous.

Ce livre a pour ambition de rendre l'essence de Bitcoin compréhensible. Nous allons décomposer chaque partie du livre blanc original de Satoshi Nakamoto, le texte fondateur de Bitcoin, pour en extraire la signification fondamentale, les principes sous-jacents et les implications révolutionnaires.

Bienvenue dans l'exploration de Bitcoin à travers les yeux de Satoshi Nakamoto, préparez-vous à découvrir une vision qui pourrait bien redéfinir notre avenir financier.

BITCOIN

A PEER–TO–PEER ELECTRONIC CASH SYSTEM

Abstract. A purely peer-to-peer version of electronic cash would allow online payments to be sent directly from one party to another without going through a financial institution. Digital signatures provide part of the solution, but the main benefits are lost if a trusted third party is still required to prevent double-spending.

We propose a solution to the double-spending problem using a peer-to-peer network. The network timestamps transactions by hashing them into an ongoing chain of hash-based proof-of-work, forming a record that cannot be changed without redoing the proof-of-work. The longest chain not only serves as proof of the sequence of events witnessed, but proof that it came from the largest pool of CPU power. As long as a majority of CPU power is controlled by nodes that are not cooperating to attack the network, they'll generate the longest chain and outpace attackers. The network itself requires minimal structure. Messages are broadcast on a best effort basis, and nodes can leave and rejoin the network at will, accepting the longest proof-of-work chain as proof of what happened while they were gone.

1. Introduction

Commerce on the Internet has come to rely almost exclusively on financial institutions serving as trusted third parties to process electronic payments. While the system works well enough for most transactions, it still suffers from the inherent weaknesses of the trust based model. Completely non-reversible transactions are not really possible, since financial institutions cannot avoid mediating disputes. The cost of mediation increases transaction costs, limiting the minimum practical transaction size and cutting off the possibility for small casual transactions, and there is a broader cost in the loss of ability to make non-reversible payments for nonreversible services. With the possibility of reversal, the need for trust spreads. Merchants must be wary of their customers, hassling them for more information than they would otherwise need. A certain percentage of fraud is accepted as unavoidable. These costs and payment uncertainties can be avoided in person by using physical currency, but no mechanism exists to make payments over a communications channel without a trusted party. What is needed is an electronic payment system based on cryptographic proof instead of trust, allowing any two willing parties to transact directly with each other without the need for a trusted third party. Transactions that are computationally impractical to reverse would protect sellers from fraud, and routine escrow mechanisms could easily be implemented to protect buyers. In this paper, we propose a solution to the double-spending problem using a peer-to-peer distributed timestamp server to generate computational proof of the chronological order of transactions. The system is secure as long as honest nodes collectively control more CPU power than any cooperating group of attacker nodes.

2. Transactions

We define an electronic coin as a chain of digital signatures. Each owner transfers the coin to the next by digitally signing a hash of the previous transaction and the public key of the next owner and adding these to the end of the coin. A payee can verify the signatures to verify the chain of ownership.

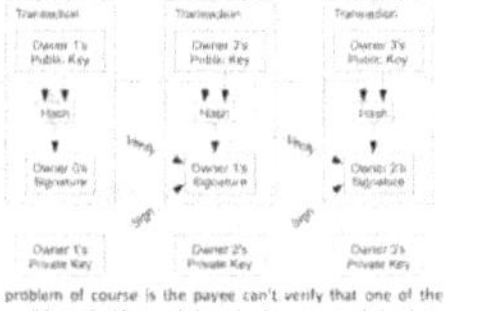

The problem of course is the payee can't verify that one of the owners did not double-spend the coin. A common solution is to introduce a trusted central authority, or mint, that checks every transaction for double spending. After each transaction, the coin must be returned to the mint to issue a new coin, and only coins issued directly from the mint are trusted not to be double-spent. The problem with this solution is that the fate of the entire money system depends on the company running the mint, with every transaction having to go through them, just like a bank. We need a way for the payee to know that the previous owners did not sign any earlier transactions. For our purposes, the earliest transaction is the one that counts, so we don't care about later attempts to double-spend. The only way to confirm the absence of a transaction is to be aware of all transactions. In the mint based model, the mint was aware of all transactions and decided which arrived first. To accomplish this without a trusted party, transactions must be publicly announced [1], and we need a system for participants to agree on a single history of the order in which they were received. The payee needs proof that at the time of each transaction, the majority of nodes agreed it was the first received.

3. Timestamp

Server The solution we propose begins with a timestamp server. A timestamp server works by taking a hash of a block of items to be timestamped and widely publishing the hash, such as in a newspaper or Usenet post [2-5]. The timestamp proves that the data must have existed at the time, obviously, in order to get into the hash. Each timestamp includes the previous timestamp in its hash, forming a chain, with each additional timestamp reinforcing the ones before it.

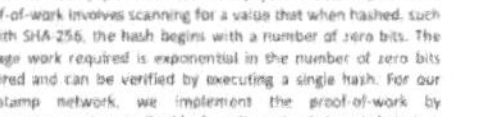

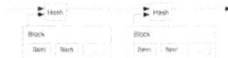

4. Proof-of-Work

To implement a distributed timestamp server on a peer-to-peer basis, we will need to use a proofof-work system similar to Adam Back's Hashcash [6], rather than newspaper or Usenet posts. The proof-of-work involves scanning for a value that when hashed, such as with SHA-256, the hash begins with a number of zero bits. The average work required is exponential in the number of zero bits required and can be verified by executing a single hash. For our timestamp network, we implement the proof-of-work by incrementing a nonce in the block until a value is found that gives the block's hash the required zero bits. Once the CPU effort has been expended to make it satisfy the proof-of-work, the block cannot be changed without redoing the work. As later blocks are chained after it, the work to change the block would include redoing all the blocks after it.

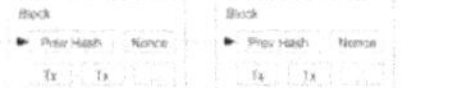

The proof-of-work also solves the problem of determining representation in majority decision making. If the majority were based on one-IP-address-one-vote, it could be subverted by anyone able to allocate many IPs. Proof-of-work is essentially one-CPU-one-vote. The majority decision is represented by the longest chain, which has the greatest proof-of-work effort invested in it. If a majority of CPU power is controlled by honest nodes, the honest chain will grow the fastest and outpace any competing chains. To modify a past block, an attacker would have to redo the proof-of-work of the block and all blocks after it and then catch up with and surpass the work of the honest nodes. We will show later that the probability of a slower attacker catching up diminishes exponentially as subsequent blocks are added. To compensate for increasing hardware speed and varying interest in running nodes over time, the proof-of-work difficulty is determined by a moving average targeting an average number of blocks per hour. If they're generated too fast, the difficulty increases.

5. Network

The steps to run the network are as follows:

1) New transactions are broadcast to all nodes.
2) Each node collects new transactions into a block.
3) Each node works on finding a difficult proof-of-work for its block.
4) When a node finds a proof-of-work, it broadcasts the block to all nodes.
5) Nodes accept the block only if all transactions in it are valid and not already spent.
6) Nodes express their acceptance of the block by working on creating the next block in the chain, using the hash of the accepted block as the previous hash.

Nodes always consider the longest chain to be the correct one and will keep working on extending it. If two nodes broadcast different versions of the next block simultaneously, some nodes may receive one or the other first. In that case, they work on the first one they received, but save the other branch in case it becomes longer. The tie will be broken when the next proofof-work is found and one branch becomes longer; the nodes that were working on the other branch will then switch to the longer one. New transaction broadcasts do not necessarily need to reach all nodes. As long as they reach many nodes, they will get into a block before long. Block broadcasts are also tolerant of dropped messages. If a node does not receive a block, it will request it when it receives the next block and realizes it missed one.

6. Incentive

By convention, the first transaction in a block is a special transaction that starts a new coin owned by the creator of the block. This adds an incentive for nodes to support the network, and provides a way to initially distribute coins into circulation, since there is no central authority to issue them. The steady addition of a constant of amount of new coins is analogous to gold miners expending resources to add gold to circulation. In our case, it is CPU time and electricity that is expended. The incentive can also be funded with transaction fees. If the output value of a transaction is less than its input value, the difference is a transaction fee that is added to the incentive value of the block containing the transaction. Once a predetermined number of coins have entered circulation, the incentive can transition entirely to transaction fees and be completely inflation free. The incentive may help encourage nodes to stay honest. If a greedy attacker is able to assemble more CPU power than all the honest nodes, he would have to choose between using it to defraud people by stealing back his payments, or using it to generate new coins. He ought to find it more profitable to play by the rules, such rules that favour him with more new coins than everyone else combined, than to undermine the system and the validity of his own wealth.

7. Reclaiming Disk Space

Once the latest transaction in a coin is buried under enough blocks, the spent transactions before it can be discarded to save disk space. To facilitate this without breaking the block's hash, transactions are hashed in a Merkle Tree [7][2][5], with only the root included in the block's hash. Old blocks can then be compacted by stubbing off branches of the tree. The interior hashes do not need to be stored.

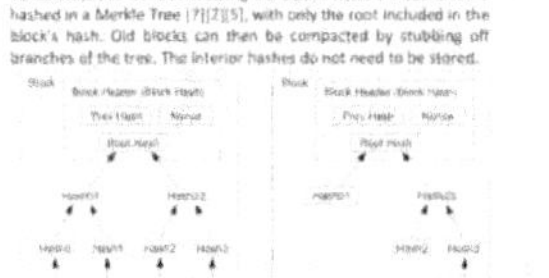

Transactions Hashed in a Merkle Tree — After Pruning Tx0-2 from the Block

A block header with no transactions would be about 80 bytes. If we suppose blocks are generated every 10 minutes, 80 bytes * 6 * 24 * 365 = 4.2MB per year. With computer systems typically selling with 2GB of RAM as of 2008, and Moore's Law predicting current growth of 1.2GB per year, storage should not be a problem even if the block headers must be kept in memory.

8. Simplified Payment Verification

It is possible to verify payments without running a full network node. A user only needs to keep a copy of the block headers of the longest proof-of-work chain, which he can get by querying network nodes until he's convinced he has the longest chain, and obtain the Merkle branch linking the transaction to the block it's timestamped in. He can't check the transaction for himself, but by linking it to a place in the chain, he can see that a network node has accepted it, and blocks added after it further confirm the network has accepted it.

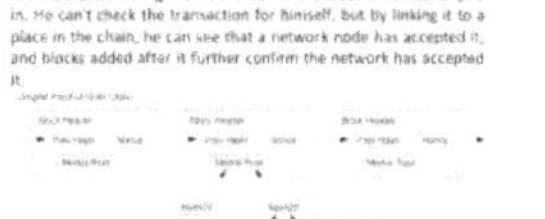

As such, the verification is reliable as long as honest nodes control the network, but is more vulnerable if the network is overpowered by an attacker. While network nodes can verify transactions for themselves, the simplified method can be fooled by an attacker's fabricated transactions for as long as the attacker can continue to overpower the network. One strategy to protect against this would be to accept alerts from network nodes when they detect an invalid block, prompting the user's software to download the full block and alerted transactions to confirm the inconsistency. Businesses that receive frequent payments will probably still want to run their own nodes for more independent security and quicker verification.

9. Combining and Splitting Value

Although it would be possible to handle coins individually, it would be unwieldy to make a separate transaction for every cent in a transfer. To allow value to be split and combined, transactions contain multiple inputs and outputs. Normally there will be either a single input from a larger previous transaction or multiple inputs combining smaller amounts, and at most two outputs: one for the payment, and one returning the change, if any, back to the sender.

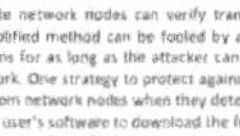

It should be noted that fan-out, where a transaction depends on several transactions, and those transactions depend on many more, is not a problem here. There is never the need to extract a complete standalone copy of a transaction's history.

10. Privacy

The traditional banking model achieves a level of privacy by limiting access to information to the parties involved and the trusted third party. The necessity to announce all transactions publicly precludes this method, but privacy can still be maintained by breaking the flow of information in another place: by keeping public keys anonymous. The public can see that someone is sending an amount to someone else, but without information linking the transaction to anyone. This is similar to the level of information released by stock exchanges, where the time and size of individual trades, the "tape", is made public, but without telling who the parties were.

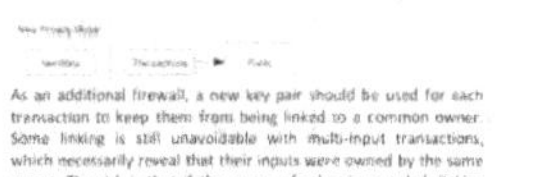

As an additional firewall, a new key pair should be used for each transaction to keep them from being linked to a common owner. Some linking is still unavoidable with multi-input transactions, which necessarily reveal that their inputs were owned by the same owner. The risk is that if the owner of a key is revealed, linking could reveal other transactions that belonged to the same owner.

11. Calculations

We consider the scenario of an attacker trying to generate an alternate chain faster than the honest chain. Even if this is accomplished, it does not throw the system open to arbitrary changes, such as creating value out of thin air or taking money that never belonged to the attacker. Nodes are not going to accept an invalid transaction as payment, and honest nodes will never accept a block containing them. An attacker can only try to change one of his own transactions to take back money he recently spent. The race between the honest chain and an attacker chain can be characterized as a Binomial Random Walk. The success event is the honest chain being extended by one block, increasing its lead by +1, and the failure event is the attacker's chain being extended by one block, reducing the gap by -1. The probability of an attacker catching up from a given deficit is analogous to a Gambler's Ruin problem. Suppose a gambler with unlimited credit starts at a deficit and plays potentially an infinite number of trials to try to reach breakeven. We can calculate the probability he ever reaches breakeven, or that an attacker ever catches up with the honest chain, as follows [8]:

p = probability an honest node finds the next block
q = probability the attacker finds the next block
q_z = probability the attacker will ever catch up from z blocks behind

$$q_z = \begin{cases} 1 & \text{if } p \le q \\ (q/p)^z & \text{if } p > q \end{cases}$$

Given our assumption that p > q, the probability drops exponentially as the number of blocks the attacker has to catch up with increases. With the odds against him, if he doesn't make a lucky lunge forward early on, his chances become vanishingly small as he falls further behind. We now consider how long the recipient of a new transaction needs to wait before being sufficiently certain the sender can't change the transaction. We assume the sender is an attacker who wants to make the recipient believe he paid him for a while, then switch it to pay back to himself after some time has passed. The receiver will be alerted when that happens, but the sender hopes it will be too late. The receiver generates a new key pair and gives the public key to the sender shortly before signing. This prevents the sender from preparing a chain of blocks ahead of time by working on it continuously until he is lucky enough to get far enough ahead, then executing the transaction at that moment. Once the transaction is sent, the dishonest sender starts working in secret on a parallel chain containing an alternate version of his transaction. The recipient waits until the transaction has been added to a block and z blocks have been linked after it. He doesn't know the exact amount of progress the attacker has made, but assuming the honest blocks took the average expected time per block, the attacker's potential progress will be a Poisson distribution with expected value:

$$\lambda = z\frac{q}{p}$$

To get the probability the attacker could still catch up now, we multiply the Poisson density for each amount of progress he could have made by the probability he could catch up from that point:

$$\sum_{k=0}^{\infty} \frac{\lambda^k e^{-\lambda}}{k!} \cdot \begin{cases} (q/p)^{(z-k)} & \text{if } k \le z \\ 1 & \text{if } k > z \end{cases}$$

Rearranging to avoid summing the infinite tail of the distribution...

$$1 - \sum_{k=0}^{z} \frac{\lambda^k e^{-\lambda}}{k!}\left(1 - (q/p)^{(z-k)}\right)$$

Converting to C code...

```
#include <math.h>
double AttackerSuccessProbability(double q, int z)
{
    double p = 1.0 - q;
    double lambda = z * (q / p);
    double sum = 1.0;
    int i, k;
    for (k = 0; k <= z; k++)
    {
        double poisson = exp(-lambda);
        for (i = 1; i <= k; i++)
            poisson *= lambda / i;
        sum -= poisson * (1 - pow(q / p, z - k));
    }
    return sum;
}
```

Running some results, we can see the probability drop off exponentially with z. q=0.1 z=0 P=1.0000000 z=1 P=0.2045873 z=2 P=0.0509779 z=3 P=0.0131722 z=4 P=0.0034552 z=5 P=0.0009137 z=6 P=0.0002428 z=7 P=0.0000647 z=8 P=0.0000173 z=9 P=0.0000046 z=10 P=0.0000012 q=0.3 z=0 P=1.0000000 z=5 P=0.1773523 z=10 P=0.0416605 z=15 P=0.0101008 z=20 P=0.0024804 z=25 P=0.0006132 z=30 P=0.0001522 z=35 P=0.0000379 z=40 P=0.0000095 z=45 P=0.0000024 z=50 P=0.0000006

Solving for P less than 0.1%... P < 0.001 q=0.10 z=5 q=0.15 z=8 q=0.20 z=11 q=0.25 z=15 q=0.30 z=24 q=0.35 z=41 q=0.40 z=89 q=0.45 z=340

12. Conclusion

We have proposed a system for electronic transactions without relying on trust. We started with the usual framework of coins made from digital signatures, which provides strong control of ownership, but is incomplete without a way to prevent double-spending. To solve this, we proposed a peer-to-peer network using proof-of-work to record a public history of transactions that quickly becomes computationally impractical for an attacker to change if honest nodes control a majority of CPU power. The network is robust in its unstructured simplicity. Nodes work all at once with little coordination. They do not need to be identified, since messages are not routed to any particular place and only need to be delivered on a best effort basis. Nodes can leave and rejoin the network at will, accepting the proof-of-work chain as proof of what happened while they were gone. They vote with their CPU power, expressing their acceptance of valid blocks by working on extending them and rejecting invalid blocks by refusing to work on them. Any needed rules and incentives can be enforced with this consensus mechanism.

References

[1] W. Dai, "b-money," http://www.weidai.com/bmoney.txt, 1998.
[2] H. Massias, X.S. Avila, and J.-J. Quisquater, "Design of a secure timestamping service with minimal trust requirements," In 20th Symposium on Information Theory in the Benelux, May 1999.
[3] S. Haber, W.S. Stornetta, "How to time-stamp a digital document," In Journal of Cryptology, vol 3, no 2, pages 99-111, 1991.
[4] D. Bayer, S. Haber, W.S. Stornetta, "Improving the efficiency and reliability of digital time-stamping," In Sequences II: Methods in Communication, Security and Computer Science, pages 329-334, 1993.
[5] S. Haber, W.S. Stornetta, "Secure names for bit-strings," In Proceedings of the 4th ACM Conference on Computer and Communications Security, pages 28-35, April 1997.
[6] A. Back, "Hashcash - a denial of service counter-measure," http://www.hashcash.org/papers/hashcash.pdf, 2002.
[7] R.C. Merkle, "Protocols for public key cryptosystems," In Proc. 1980 Symposium on Security and Privacy, IEEE Computer Society, pages 122-133, April 1980.
[8] W. Feller, "An introduction to probability theory and its applications," 1957.

Satoshi Nakamoto satoshin@gmx.com www.bitcoin.org

Bitcoin : un système de paiement électronique pair-à-pair

Satoshi Nakamoto

satoshin@gmx.com

www.bitcoin.org

Résumé (version originale du whitepaper traduite en Francais)

Une version d'un système de paiement purement pair-à-pair permettrait des paiements en ligne directs d'une partie à l'autre sans passer par une institution financière. Les signatures digitales fournissent une partie de la solution, mais les principaux bénéfices sont perdus si un tiers de confiance est encore nécessaire pour éviter les doubles-paiements.

Nous proposons une solution au problème du doubledépense en utilisant un réseau pair-à-pair. Le réseau horodate les transactions en les hachant en une chaîne continue de preuves-de-travail, formant un enregistrement de données qui ne peut pas être changé sans avoir à refaire la preuve-de-travail. La chaîne la plus longue non seulement sert de preuve par témoignage de la séquence des événements, mais prouve qu'elle est issue du plus grand groupe de puissance CPU.

Aussi longtemps que la majorité de la puissance CPU est contrôlée par des nœuds non participant à une attaque du réseau, ils engendreront la plus longue chaîne et surpasseront les attaquants. Le réseau en lui-même exige une structure minimale. Les messages sont diffusés au mieux et les nœuds peuvent quitter et rejoindre le réseau à leur gré, en acceptant la plus longue chaîne de preuve-de-travail créée en leur absence.

Résumé (version simplifiée et détaillée du texte précédent)

La blockchain est un système de paiement en ligne sécurisé et décentralisé. Les transactions sont enregistrées dans une chaîne de blocs inviolables, et la confiance est assurée grâce à la puissance collective des ordinateurs du réseau. Cela garantit que les transactions sont authentiques et que les fraudes, comme les paiements en double, sont presque impossibles.

Tant que la majorité du pouvoir de calcul n'est pas contrôlée par des personnes malveillantes, elles domineront le réseau et écraseront toute tentative d'attaque. De plus, ce réseau est très flexible, les messages circulent librement, et les participants peuvent le rejoindre ou le quitter à leur guise, en suivant simplement la chaîne la plus longue.

Système de paiement paire-à-pair : Au lieu d'utiliser une banque ou une institution financière comme intermédiaire pour effectuer des transactions en ligne, imaginez simplement pouvoir envoyer de l'argent directement à une autre personne, comme si vous donnez de l'argent. argent en main propre. C'est ce que la blockchain permet.

Signatures numériques : Pour garantir que les transactions sont légitimes, nous utilisons des signatures numériques. C'est comme si chaque transaction était scellée électroniquement pour montrer qui l'a initiée.

Double-dépense : Le gros problème avec les paiements en ligne, c'est qu'il est possible de dépenser la même somme d'argent deux fois. Imaginez que vous achetez un jeu vidéo, mais que vous pouvez copier le jeu autant de fois que vous le souhaitez et le donner à d'autres tout en prétendant que vous ne l'avez pas déjà utilisé. Ce serait un chaos financier. La blockchain résout ce problème.

Réseau pair-à-pair : C'est un réseau décentralisé où personne ne contrôle tout. Au lieu d'avoir une seule personne ou une seule institution qui décide de ce qui est valide, des milliers d'ordinateurs (appelés nœuds) travaillent ensemble pour vérifier les transactions.

Horodatage et preuve de travail : Chaque transaction est enregistrée dans un bloc de données. Pour s'assurer que personne ne peut manipuler ce bloc après coup, il est lié à un autre bloc et à un autre, créant ainsi une chaîne continue. Pour ajouter un bloc à cette chaîne, les ordinateurs du réseau doivent résoudre un problème complexe (preuve de travail). Cela prend du temps et de l'énergie, donc il est difficile de tromper le système.

Chaîne la plus longue : La blockchain conserve toutes les copies de la chaîne, mais la chaîne la plus longue est la "vraie" chaîne. Elle est la preuve que la majorité du réseau est d'accord sur ce qui s'est passé.

Flexibilité du réseau : Le réseau blockchain est ouvert à tous. Vous pouvez rejoindre le réseau à tout moment, vérifier les transactions passées, et commencer à participer. Il n'y a pas de règles strictes pour rejoindre ou quitter le réseau.

Tout cela fonctionne sans avoir besoin d'une tierce partie de confiance comme une banque.

1. Introduction (version originale du whitepaper traduite en Francais)

Le commerce sur Internet en est venu à reposer presque exclusivement sur les institutions financières agissant comme tiers de confiance afin de traiter les paiements électroniques. Alors que le système fonctionne suffisamment bien pour la plupart des transactions, il souffre de faiblesses inhérentes au modèle de confiance. Les transactions totalement irréversibles ne sont pas réellement possibles, car les institutions financières ne peuvent pas éviter les conflits de médiation. Le coût de la médiation augmente les coûts de transaction, en limitant le montant minimum de la transaction et coupant ainsi la possibilité de transactions courantes à petit montant. De plus, il y a un coût plus important dans la perte de la capacité à faire des paiements irréversibles pour les services irréversibles. Avec la possibilité de réversibilité, la nécessité de la confiance s'étend. Les commerçants doivent se méfier de leurs clients, et les ennuyer en leur demandant plus d'information dont ils n'auraient pas besoin en procédant autrement. Un certain pourcentage de fraude est accepté comme inévitable. Ces coûts et incertitudes dans les paiements peuvent être évités par la présence et l'argent physiques, mais aucun mécanisme n'existe pour faire des paiements à travers un canal de communication sans un tiers de confiance.

Le besoin est d'avoir un système de paiement électronique basé sur une preuve cryptographique au lieu de la confiance, permettant à deux parties volontaires de réaliser entre elles des transactions sans le besoin d'un tiers de confiance. Des transactions calculatoirement incommodes à inverser protégeraient les vendeurs de la fraude, et des mécanismes habituels de dépôt pourraient être aisément implémentés pour protéger les acheteurs. Dans ce papier, nous proposons une solution au problème de la double-dépense en utilisant un serveur d'horodatage distribué pair-à-pair afin d'engendrer calculatoirement la preuve de la chronologie des transactions. Le système est sûr tant que les nœuds honnêtes contrôlent collectivement plus de puissance CPU que celle de chacun des groupes de nœuds d'attaquants coopérants.

1. Introduction (version simplifiée et détaillée du texte précédent)

Imaginez un monde où le commerce en ligne repose sur des banques et des institutions financières qui agissent comme des gardiens pour traiter vos paiements électroniques. Cela fonctionne plutôt bien pour la plupart des transactions, mais il y a un problème : cela crée une dépendance à l'égard de ces niveaux de confiance. Les transactions totalement irréversibles sont impossibles, car ces institutions ne peuvent pas éviter les conflits. Et devinez quoi, cela coûte cher ! Cette médiation fait grimper les frais de transaction, limitant ainsi les petites transactions et rendant les paiements courants peu pratiques.

Et ce n'est pas tout ! Les transactions irréversibles sont essentielles pour certains services, mais sans elles, vous devrez faire confiance aux vendeurs et obtenir plus d'informations que nécessaire. Un certain niveau de fraude est inévitable, ce qui signifie que tout le monde doit être sur ses gardes.

Mais voilà l'idée brillante : pourquoi ne pas créer un système de paiement électronique basé sur des preuves cryptographiques au lieu de la confiance ? Vous voyez, cela permet à deux parties de réaliser des transactions directes sans avoir besoin de ce niveau de confiance. Les transactions deviendraient pratiquement impossibles à inverser, ce qui protégerait les vendeurs contre la fraude. De plus, nous définirons en place des mécanismes de dépôt pour protéger les acheteurs.

Maintenant, voici la grande idée : nous utilisons un serveur d'horodatage distribué paire-à-pair pour créer une preuve mathématique de la chronologie des transactions. Tant que les nœuds honnêtes (les ordinateurs du réseau) ont plus de puissance de calcul que les groupes de nœuds malveillants, le système est sécurisé.

C'est comme si nous avions un moyen de faire des transactions en ligne sans avoir à faire confiance à personne d'autre trouvée qu'aux mathématiques et à la technologie. Tout le monde peut être son propre banquier.

Le commerce en ligne dépend des niveaux de confiance : Actuellement, lorsque nous effectuons des achats en ligne, nous comptons sur des banques et des institutions financières pour traiter les paiements. Ces niveaux de confiance jouent un rôle clé en garantissant que les transactions sont sûres et légitimes.

Faiblesses du modèle de confiance : Cependant, ce modèle comporte des faiblesses. Les transactions sont rarement totalement irréversibles, car les niveaux de confiance ne peuvent pas toujours résoudre les conflits de manière équitable. Cela signifie que les coûts de médiation augmentent, ce qui limite les petites transactions et rend les paiements courants peu pratiques.

Augmentation des coûts de transaction : Les coûts de médiation augmentent également le coût total des transactions. Cela signifie que pour les transactions de faible montant, il peut être moins rentable de les effectuer. En fin de compte, cela limite les possibilités de commerce en ligne.

Besoin de confiance croissante : Avec la possibilité de réversibilité des transactions, la confiance devient essentielle. Les commerçants doivent être prudents et demander plus d'informations aux clients pour éviter la fraude.

Solution : paiement électronique basé sur la preuve cryptographique : La solution proposée consiste à créer un système de paiement électronique qui ne repose pas sur la confiance envers un tiers, mais sur des preuves cryptographiques. Cela permet à deux parties de réaliser des transactions directes sans avoir besoin d'intermédiaires.

Transactions difficiles à inverser : Dans ce système, les transactions deviennent extrêmement difficiles à inverser, ce qui protège les vendeurs contre la fraude. Les acheteurs peuvent également bénéficier de mécanismes de dépôt pour assurer leur protection.

Utilisation d'un serveur d'horodatage distribué : Pour garantir l'intégrité des transactions, un serveur d'horodatage distribué paire à paire est utilisé. Il crée une preuve mathématique de la chronologie des transactions. Tant que les nœuds honnêtes (les participants du réseau) sont majoritaires en puissance de calcul par rapport aux groupes de nœuds malveillants, le système reste sécurisé.

Cette partie du livre blanc explore les défis du commerce en ligne basé sur la confiance envers des tiers et propose une solution révolutionnaire : un système de paiement électronique basé sur des preuves cryptographiques, éliminant le besoin de niveaux de confiance. Cela permet des transactions plus sûres, moins coûteuses et plus flexibles. C'est une approche qui pourrait transformer essentiellement la manière dont nous effectuons des transactions en ligne.

2. Transactions (version originale du whitepaper traduite en Francais)

Nous définissons une pièce (de monnaie) électronique comme une chaîne de signatures électroniques. Chaque propriétaire transfert la pièce au suivant en signant le hachage, de la transaction précédente, de la clef publique du prochain propriétaire et en ajoutant tout cela à la fin de la pièce. Un bénéficiaire peut vérifier les signatures pour vérifier la chaîne de propriété.

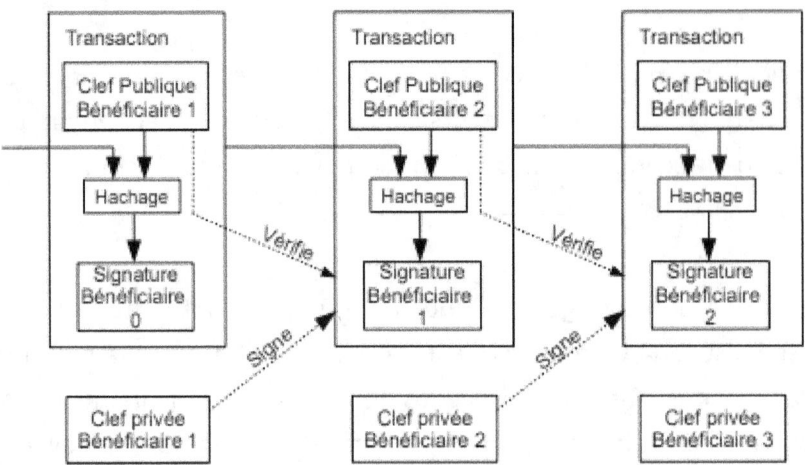

Le problème évidemment est que le bénéficiaire ne peut pas vérifier qu'un des propriétaires n'a pas dépensé deux fois la pièce. Une solution commune est d'introduire une autorité de confiance, ou émetteur de monnaie, qui vérifie chaque transaction concernant la double-dépense. Après chaque transaction, la pièce doit être renvoyée à l'émetteur de monnaie pour émettre une nouvelle pièce, et seules les pièces émises par l'émetteur sont réputées non dépensées deux fois. Le problème avec cette solution est que le destin de tout le système monétaire dépend de la société qui émet la monnaie, avec chaque transaction devant passer par elle, juste comme une banque.

Nous avons besoin d'un moyen pour le bénéficiaire de savoir que les précédents propriétaires n'ont pas signé de transactions précédentes. Pour nos fins, la transaction effectuée le plus tôt est celle qui compte, ainsi nous prêtons pas attention aux tentatives suivantes de double-dépense. Le seul moyen pour confirmer l'absence d'une transaction est d'être au courant de toutes les transactions. Dans le modèle d'un émetteur central de monnaie, ce dernier était au courant de toutes les transactions et décidait qui arrivait en premier. Pour accomplir pareille tâche sans un tiers de confiance, les transactions doivent être annoncées publiquement [1], et nous avons besoin d'un système pour les participants pour s'accorder sur une histoire unique de l'ordre dans lequel elles furent reçues. Le bénéficiaire a besoin de la preuve qu'au moment de chaque transaction, la majorité des nœuds était d'accord qu'elle était la première reçue.

2. Transactions (version simplifiée et détaillée du texte précédent)

Imaginez une pièce électronique comme une chaîne de signatures électroniques. Chaque de cette pièce la transfert au suivant en signant le hachage (une sorte de code unique) de la transaction précédente, la clé publique du prochain propriétaire, et en ajoutant tout cela à la fin de la pièce. Le destinataire peut vérifier ces signatures pour suivre la chaîne de propriété.

Cependant, il y a un problème évident : comment être sûr qu'un propriétaire ne dépense pas la même pièce deux fois ? La solution serait courante d'introduire une autorité de confiance ou un émetteur de monnaie qui vérifierait chaque transaction pour éviter la double dépense. Après chaque transaction, la pièce devrait être renvoyée à l'émetteur de monnaie pour qu'il émette une nouvelle pièce, et seules les pièces émises par cet émetteur seraient considérées comme non dépensées deux fois. Le hic, c'est que cela dépendrait entièrement de cette société pour tout le système monétaire, et chaque transaction devrait passer par elle, tout comme une banque.

Mais voici l'idée révolutionnaire : pour que le destinataire sache que les propriétaires précédents n'ont pas signé de transactions antérieures, il doit être au courant de toutes les transactions. Dans le modèle centralisé d'un émetteur de monnaie, cet émetteur était au courant de toutes les transactions et décidait de leur ordre. Pour faire cela sans tierce partie de confiance, les transactions doivent être publiques, et les participants ont besoin d'un système pour s'accorder sur l'ordre dans lequel ils sont reçus. Le destinataire a besoin de preuves que, au moment de chaque transaction, la majorité des nœuds (les participants du réseau) étaient d'accord que c'était la première à être reçue.

La Chaîne de Signatures Électroniques :

Dans le monde de la cryptomonnaie, une pièce électronique est essentiellement une série de signatures électroniques. Pour transférer la pièce d'une personne à une autre, chaque propriétaire signe la transaction en utilisant le hachage (un code unique) de la transaction précédente, ainsi que la clé publique du prochain propriétaire. L'ensemble de ces signatures est ajouté à la fin de la pièce. C'est un peu comme si vous signiez un reçu pour montrer que vous êtes le nouveau propriétaire de cette pièce électronique.

Le Problème de la Double Dépense :

Le défi majeur dans ce système est de s'assurer qu'une même pièce électronique n'est pas dépensée deux fois. Imaginez que vous ayez une pièce électronique, vous pourriez la dépenser pour acheter quelque chose, puis tenter de la dépenser à nouveau ailleurs. Une solution traditionnelle serait d'avoir une autorité de confiance ou un émetteur de monnaie qui vérifierait chaque transaction pour éviter la double dépense. Cependant, cela entraînerait une dépendance totale à cette entité, similaire à une banque qui contrôle toutes les transactions.

La Solution : Transactions Publiques et Consensus :

La solution ingénieuse proposée est que pour empêcher la double dépense sans une autorité centrale, toutes les transactions doivent être publiques. De plus, les participants du réseau doivent s'accorder sur l'ordre dans lequel ces transactions sont effectuées. La première transaction confirmée est celle qui compte, et les tentatives ultérieures de double dépense sont ignorées. Pour que tout le monde soit d'accord sur l'ordre des transactions, il faut une sorte de consensus.

Imaginez cela comme si chaque transaction était publiée dans un grand livre accessible à tous. Toutes les personnes participant à la cryptomonnaie peuvent voir ces transactions et s'accorder sur l'ordre dans lequel elles sont inscrites. Ainsi, il n'y a pas besoin de faire confiance à une seule autorité. La sécurité du système repose sur le fait que la majorité des participants du réseau sont honnêtes et ne tentent pas de manipuler les transactions.

Cette partie du livre blanc se penche sur les mécanismes essentiels des transactions dans la cryptomonnaie. Elle explique comment une pièce électronique est transférée d'un propriétaire à l'autre grâce à des signatures électroniques, les défis de la double dépense, et comment le système fonctionne sans avoir besoin d'une autorité centrale grâce à des transactions publiques et un consensus. entre les participants. C'est ce qui rend la cryptomonnaie Bitcoin si innovante et décentralisée.

3. Serveur d'horodatage (version originale du whitepaper traduite en Francais)

La solution que nous proposons commence avec un serveur d'horodatage. Un serveur d'horodatage fonctionne en prenant l'empreinte numérique d'un bloc d'items à horodater et à la publier largement, tel que dans un journal ou un forum sur Internet [2-5]. L'horodate prouve que les données ont dû exister à l'instant de l'horodatage, évidemment, pour pouvoir obtenir leur empreinte numérique. Chaque horodate inclut l'horodate précédente dans son empreinte, formant une chaîne, avec chaque nouvelle horodate renforçant celles la précédant.

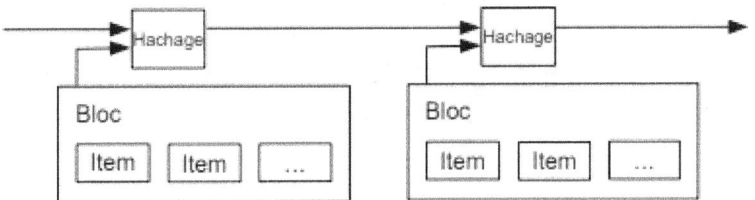

3. Serveur d'horodatage (version simplifiée et détaillée du texte précédent)

Serveur d'Horodatage : La Clé de Tout :

Imaginez un serveur d'horodatage comme un gardien du temps numérique. Il fonctionne en prenant une sorte de "photo numérique" d'un groupe d'éléments (ou "bloc") à un moment précis, puis en partageant cette photo avec tout le monde, par exemple sur un journal ou un forum en ligne. Cette photo prouve que ces données devaient exister au moment de la capture, car sinon, comment aurions-nous obtenu cette "photo numérique" d'elles ?

Maintenant, la magie réside dans le fait que chaque "photo numérique" inclut la "photo numérique" précédente dans sa composition, créant ainsi une chaîne. Et chaque nouvelle "photo numérique" renforce toutes celles qui la précèdent.

C'est un peu comme si chaque instant était capturé dans une photo indélébile, et chaque nouvelle photo confirme la validité de toutes les précédentes. Cela garantit que personne ne peut dans le temps et altérer les données passées sans que cela ne soit immédiatement détectable. C'est un moyen ingénieux de maintenir la confiance dans le système sans avoir besoin d'un niveau de confiance centralisé.

Le Rôle Crucial des Serveurs d'Horodatage :

Imaginez un serveur d'horodatage comme un gardien du temps numérique. Sa mission est de prendre un instantané numérique, une "empreinte" des données à un moment précis, puis de partager cet instantané avec le monde entier, souvent sur un journal ou un forum en ligne.

La Preuve du Moment Précis :

Ce qui rend ces instantanés numériques si spéciaux, c'est qu'ils prouvent que les données devaient absolument exister à ce moment précis pour être capturées. En d'autres termes, si vous pouvez montrer une "photo numérique" de données à un moment donné, cela signifie que ces données étaient bien présentes à ce moment-là.

Formation d'une Chaîne d'Horodatage :

Là où cela devient vraiment ingénieux, c'est que chaque nouvel instantané numérique inclut l'instantané précédent dans sa composition. Cela crée une chaîne d'horodatage, où chaque maillon renforce les précédents. Imaginez cette chaîne comme une suite d'instantanés numériques, chacun attestant de l'existence des données à son moment précis.

Intégrité des Données Garantie :

La magie réside dans le fait que si quelqu'un voulait altérer ou manipuler des données passées, cela serait instantanément détectable. Si une "photo numérique" d'une donnée est altérée, cela briserait la chaîne d'horodatage, rendant immédiatement suspectes toutes les données qui en dépendent. En d'autres termes, l'intégrité des données est garantie par la chaîne d'horodatage.

Confiance sans Tiers de Confiance :

Ce système astucieux permet aux participants du réseau de faire confiance aux données sans avoir besoin d'un niveau de confiance centralisé, comme une banque ou une autorité gouvernementale. Les données sont vérifiables par tous, ce qui crée un niveau de transparence et de confiance considérable.

Cette partie du livre blanc explique comment les serveurs d'horodatage sont le fondement de la sécurité et de la confiance dans la technologie blockchain. Ils garantissent l'intégrité des données et permettent aux participants du réseau de se fier aux informations sans devoir compter sur une tierce partie de confiance. C'est l'un des éléments clés qui rendent la blockchain et les cryptomonnaies si révolutionnaires.

4. Preuve-de-travail (version originale du whitepaper traduite en Francais)

Pour implémenter un serveur d'horodatage distribué en pair-à-pair, nous avons besoin d'une preuve-de-travail similaire à celle d'Adam Back "Hashcash" [6], plutôt que d'un journal ou de publication sur un forum Internet. La preuve-de-travail implique la recherche d'une valeur qui une fois hachée, tel qu'avec le SHA-256, donne une empreinte numérique commençant par un nombre donné de bits à zéro. Le travail moyen demandé est exponentiel en fonction du nombre de bits à zéro exigés et peut être vérifié en exécutant un hachage unique.

Pour notre réseau d'horodatage, nous implémentons la preuve-de-travail par incrémentation d'une valeur d'ajustement dans le bloc jusqu'à trouver une valeur qui donne une empreinte avec le nombre de zéros requis. Une fois que la charge CPU a été dépensée pour satisfaire la preuve-de-travail, le bloc ne peut plus être changé sans refaire le travail. Étant donné que les blocs sont chaînés après le bloc considéré, le travail pour changer le bloc devrait inclure de refaire tous les blocs postérieurs.

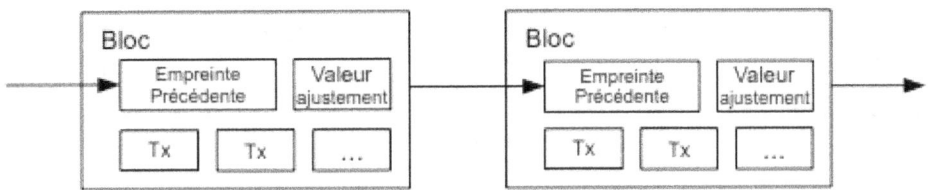

La preuve-de-travail résout aussi le problème de la définition du processus de décision majoritaire. Si la majorité était basée sur une-adresse-IP-un-vote, elle pourrait être fraudée par quiconque capable d'allouer beaucoup d'IPs. La preuve-de-travail est par essence une-CPU-un-vote. La décision majoritaire est représentée par la chaîne la plus longue, qui a la plus grande preuve-de-travail investie. Si une majorité de la puissance CPU est contrôlée par des nœuds honnêtes, la chaîne honnête grandira la plus vite et dépassera toutes autres chaînes en compétition. Pour modifier un bloc passé, un attaquant aurait à refaire la preuve-de-travail du bloc et de tous les blocs après lui, et à ce moment là rattraper et surpasser le travail des nœuds honnêtes. Nous montrerons plus tard que la probabilité de rattrapage d'un attaquant plus lent diminue avec l'ajout des blocs subséquents.

Pour compenser l'augmentation de la vitesse du matériel et modifier l'intérêt de l'usage des nœuds au fil du temps, la difficulté de la preuve-de-travail est déterminée par une moyenne mobile ciblant un nombre moyen de blocs calculés par heure. S'ils sont engendrés trop rapidement, la difficulté augmente.

4. Preuve-de-travail (version simplifiée et détaillée du texte précédent)

La Preuve-de-Travail : La Clé de la Sécurité :

La preuve de travail est un concept essentiel dans la blockchain et dans le fonctionnement du Bitcoin. Elle est utilisée pour garantir la sécurité, l'intégrité et la confiance dans le réseau. Voici les détails :

Objectif de la Preuve-de-Travail :

La preuve-de-travail implique la recherche d'une valeur spécifique. Lorsque cette valeur est hachée, généralement avec l'algorithme de hachage SHA-256, le résultat doit commencer par un certain nombre de zéros. Plus ce nombre est élevé, plus la recherche est difficile.

Moyens de Trouver cette Valeur :

Pour trouver cette valeur, les mineurs (les participants qui contribuent à la sécurité du réseau) ajustent progressivement une valeur dans un bloc, appelée nonce, jusqu'à ce que le hachage du bloc atteigne la condition souhaitée. Cela nécessite de nombreuses tentatives et une puissance de calcul considérable.

Immutabilité des Blocs :

Une fois que cette preuve de travail a été réalisée et que le bloc est ajouté à la blockchain, il devient pratiquement immuable. Pour modifier un bloc précédent, un attaquant devrait non seulement refaire le travail pour ce bloc, mais aussi pour tous les blocs suivants, car ils sont tous liés ensemble. Cela rend toute tentative de manipulation extrêmement coûteuse et improbable.

Système de Décision Majoritaire :

La preuve-de-travail est également utilisée pour résoudre le problème de la définition du processus de décision majoritaire. Au lieu de s'appuyer sur un vote par adresse IP, qui pourrait être manipulé, la décision majoritaire est représentée par la chaîne la plus longue et la plus difficile à produire. Si la majorité de la puissance de calcul du réseau est contrôlée par des participants honnêtes, la chaîne honnête grandira plus rapidement et dépassera toute chaîne concurrente.

Ajustement de la Difficulté :

Enfin, pour s'adapter à l'évolution de la puissance de calcul au fil du temps, la difficulté de la preuve-de-travail est soudée. Si les blocs sont créés trop rapidement, la difficulté augmente pour maintenir un rythme stable de création de blocs.

La preuve-de-travail est la base de la sécurité et de la confiance dans le réseau Bitcoin. Elle garantit que les blocs sont sécurisés de manière immuable, définit le processus de décision majoritaire de manière équitable, et s'adapte à l'évolution de la puissance de calcul. C'est un concept ingénieux et vital pour le fonctionnement de la blockchain.

5. Réseau (version originale du whitepaper traduite en Francais)

Les étapes pour faire fonctionner le réseau sont comme suit :

  1) Les nouvelles transactions sont diffusées à tous les nœuds.

  2) Chaque nœud rassemble les nouvelles transactions dans un bloc.

  3) Chaque nœud travaille pour trouver une preuve-de-travail difficile pour son bloc.

  4) Quand un nœud trouve une preuve-de-travail, il diffuse le bloc à tous les nœuds.

  5) Les nœuds acceptent le bloc seulement si toutes les transactions sont valides et pas déjà dépensées.

  6) Les nœuds expriment leur acceptation du bloc en travaillant à créer le prochain bloc de la chaîne, en utilisant l'empreinte numérique du bloc accepté comme l'empreinte précédente.

Les nœuds considèrent toujours la chaîne la plus longue comme la chaîne valide et continuent à travailler pour l'étendre. Si deux nœuds diffusent deux versions différentes du prochain bloc simultanément, les autres nœuds peuvent recevoir l'une ou l'autre en premier. Dans ce cas, ils travaillent sur la première qu'ils ont reçue, mais sauvent l'autre branche au cas où elle deviendrait plus longue. Le lien sera rompu quand la prochaine preuvede-travail est trouvée et une branche devient plus longue ; les nœuds qui étaient en train de travailler sur les autres branches commuteront alors sur la plus longue.

Les diffusions des nouvelles transactions n'ont pas besoin d'atteindre nécessairement tous les nœuds. Tant qu'elles atteignent beaucoup de nœuds, elles seront intégrées dans un bloc avant longtemps. Les diffusions de blocs sont aussi tolérantes aux pertes de messages. Si un nœud ne reçoit pas un bloc, il le demandera quand il recevra le prochain bloc et réalisera qu'il lui en manque un.

5. Réseau (version simplifiée et détaillée du texte précédent)

Le Fonctionnement du Réseau Bitcoin : Une Danse de Nœuds Coordonnée :

1. Diffusion des Nouvelles Transactions : Chaque fois qu'une nouvelle transaction est créée, elle est diffusée à tous les nœuds du réseau. Cela garantit que chaque participant est informé des transactions en attente.

2. Regroupement des Transactions dans un Bloc : Chaque nœud rassemble ces nouvelles transactions dans ce que nous appelons un "bloc". Un bloc est essentiellement un groupe de transactions qui sera ajouté à la blockchain.

3. Recherche de la Preuve-de-Travail : Maintenant, chaque nœud commence à travailler intensément pour résoudre un problème mathématique complexe, appelé preuve-de-travail. La première machine à résoudre ce problème a le privilège d'ajouter son bloc à la blockchain.

4. Diffusion du Bloc : Lorsqu'un nœud réussit à résoudre la preuve-de-travail, il diffuse son bloc à tous les autres nœuds du réseau. C'est une compétition pour être le premier à résoudre ce problème.

5. Validation des Transactions : Les nœuds ne valident le bloc que s'ils constatent que toutes les transactions qu'il contient sont valides. Cela signifie qu'elles sont légitimes et que les fonds nécessaires sont disponibles pour chaque transaction. De plus, les nœuds vérifient que ces transactions n'ont pas déjà été dépensées ailleurs.

6. Acceptation du Bloc et Suite : Si toutes les conditions sont remplies, les nœuds acceptent ce bloc. Ensuite, ils commencent immédiatement à travailler sur le prochain bloc en utilisant l'empreinte numérique (hash) du bloc précédent comme point de départ. La chaîne la plus longue est toujours considérée comme la chaîne valide, c'est pourquoi tous les nœuds s'efforcent de contribuer à son allongement.

Gestion des Branches Concurrentes :

Parfois, deux nœuds différents peuvent diffuser deux versions différentes du prochain bloc presque simultanément. Dans ce cas, les autres nœuds travaillent sur la première version qu'ils ont reçue, mais ils conservent également l'autre en réserve au cas où elle deviendrait la plus longue. Cependant, dès qu'une preuve-de-travail est trouvée et qu'une branche devient plus longue que l'autre, les nœuds abandonnent la branche plus courte et se concentrent sur la plus longue. C'est ce qui maintient la blockchain cohérente.

Tolérance aux Pertes de Messages :

Le réseau Bitcoin est conçu pour être tolérant aux pertes de messages. Si un nœud ne reçoit pas un bloc ou une transaction, il peut simplement le demander lorsqu'il reçoit le prochain bloc et se rend compte qu'il manque des données.

Le réseau Bitcoin fonctionne comme une danse de nœuds coordonnée, où chaque participant suit ces étapes pour maintenir la blockchain. Cette coordination et ce processus de validation garantissent que les transactions sont traitées de manière sécurisée et cohérente, contribuant ainsi à la fiabilité du Bitcoin en tant que système financier décentralisé.

6. Prime de résultat (version originale du whitepaper traduite en Francais)

Par convention, la première transaction dans un bloc est une transaction spéciale qui commence par une nouvelle pièce détenue par le créateur du bloc. Cela ajoute une incitation pour les nœuds à supporter le réseau, et fournit un moyen initial de mettre des pièces en circulation puisqu'il n'y a pas d'autorité centrale d'émission de monnaie pour le faire. L'ajout stable d'un montant constant de nouvelles pièces est analogue aux chercheurs d'or dépensant des ressources pour ajouter de l'or en circulation. Dans notre cas, il s'agit de temps CPU et d'électricité qui sont dépensés.

La prime de résultat peut aussi être financée par des frais de transaction. Si la valeur sortie d'une transaction est inférieure à sa valeur d'entrée, la différence constitue les frais de transaction qui sont ajoutés à la prime de résultat du bloc contenant la transaction. Une fois mis circulation un nombre prédéterminé de pièces, la prime de résultat peut se convertir totalement en frais de transaction et être totalement non inflationniste.

La prime de résultat peut aider à encourager les nœuds à rester honnêtes. Si un attaquant cupide était capable de réunir plus de puissance CPU que les nœuds honnêtes, il aurait à choisir entre escroquer les gens en récupérant frauduleusement ses paiements, ou, engendrer des nouvelles pièces. Il devrait trouver plus profitable pour jouer dans les règles, ces dernières le favorisant en lui offrant plus de nouvelles pièces que tout le reste du monde réuni, que de saper le système et la validité de sa propre fortune.

6. Prime de résultat (version simplifiée et détaillée du texte précédent)

La Première Transaction Spéciale :

Cette section explique que chaque nouveau bloc de transactions dans la blockchain Bitcoin commence par une transaction spéciale. Cette transaction est spéciale car elle récompense le mineur qui a réussi à résoudre un problème mathématique complexe pour ajouter ce bloc à la blockchain.

La transaction spéciale attribue une nouvelle pièce (bitcoin) au mineur. Cela sert de récompense pour le travail de sécurisation du réseau et de vérification des transactions.

Création Initiale de Monnaie :

Au début de Bitcoin, lorsque le réseau a été créé, cette transaction spéciale était le seul moyen de créer de nouvelles pièces de monnaie. Il n'y avait pas de banque centrale ni d'autorité centrale pour émettre de la monnaie. Au lieu de cela, le réseau Bitcoin s'est autogéré pour créer de nouvelles pièces.

Cela signifie que la monnaie bitcoin était, dès le départ, créée par les utilisateurs du réseau en récompense de leur participation à la sécurisation du réseau.

Utilisation des Ressources :

Les mineurs, qui sont les participants qui vérifient et enregistrent les transactions sur le réseau, doivent investir des ressources significatives pour résoudre les problèmes mathématiques nécessaires à la création de nouveaux blocs. Ces ressources incluent la puissance de calcul du CPU et l'électricité.

La dépense de ces ressources est comparable à celle des chercheurs d'or qui dépensent de l'argent et de l'effort pour extraire de l'or de la terre. Ici, le « travail » des mineurs consiste à résoudre des problèmes complexes plutôt qu'à extraire de la terre.

Financement par les Frais de Transaction :

Outre la création initiale de monnaie, les mineurs sont également récompensés par les frais de transaction. Lorsqu'une transaction est effectuée sur le réseau Bitcoin, une petite somme peut être prélevée sous forme de frais de transaction.

Si la somme de sortie d'une transaction est inférieure à la somme d'entrée (en raison des frais), la différence est ajoutée à la récompense du mineur pour le bloc contenant cette transaction.

Conversion en Frais de Transaction :

À mesure que davantage de bitcoins sont mis en circulation et que la récompense initiale diminue, le premier de résultat peut progressivement se transformer en frais de transaction. En d'autres termes, les mineurs peuvent devenir de plus en plus dépendants des frais de transaction plutôt que de la récompense initiale pour leur revenu.

Cela a un impact sur la façon dont Bitcoin gère l'inflation à long terme, en particulier la création de nouvelles pièces et en dépendant davantage des récompenses des mineurs aux transactions du réseau.

Influence sur le Comportement des Mineurs :

Le premier de résultat est conçu pour inciter les mineurs à se comporter de manière honnête et à contribuer au réseau plutôt que de chercher à le saboter. Un mineur mal intentionné pourrait éventuellement perturber le réseau en tentant de double-dépenser des bitcoins ou de mener d'autres activités malveillantes.

Cependant, il serait généralement plus rentable pour un mineur de se conformer aux règles du réseau, car cela lui permettra de gagner plus de nouvelles pièces qui de tenter de détruire le réseau.

La « Prime de résultat » est un élément fondamental de l'économie de Bitcoin. Elle incite les mineurs à contribuer au réseau en récompensant leur travail de sécurisation du réseau et de vérification des transactions. Elle joue un rôle essentiel dans la création initiale de monnaie et peut également contribuer à maintenir la stabilité et la sécurité du réseau Bitcoin à long terme.

7. Demande d'espace disque (version originale du whitepaper traduite en Francais)

Une fois que la dernière transaction d'une pièce est enfouie en dessous de suffisamment de blocs, les transactions de dépenses la précédant peuvent être jetées pour sauver de l'espace disque. Pour faciliter cela sans casser l'empreinte numérique du bloc, les transactions sont hachées dans un arbre de Merkel [7][2][5], avec seulement la racine incluse dans l'empreinte numérique du bloc. Les anciens blocs peuvent alors être compactés par rognage des branches de l'arbre. Les empreintes intérieures de l'arbre n'ont pas besoin d'être stockées.

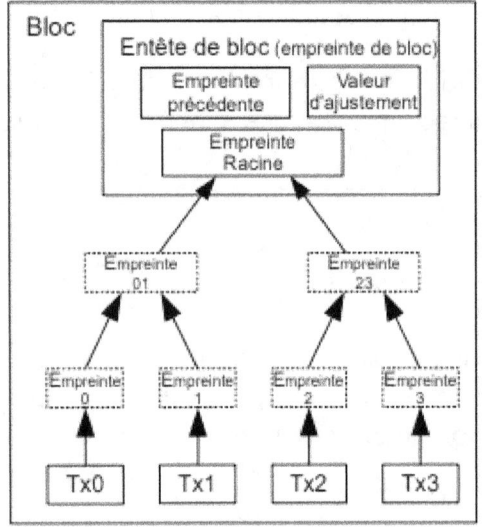
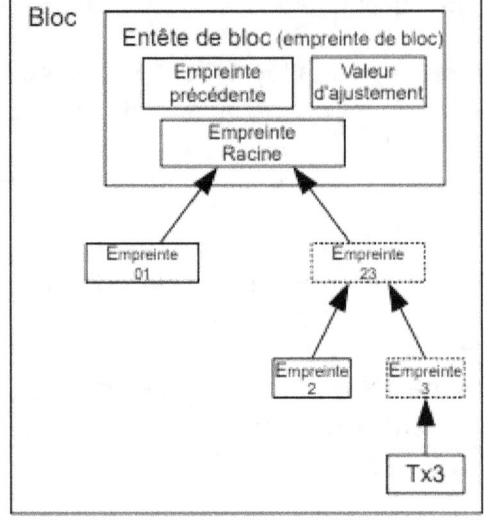

Transactions hachées dans un arbre de Merkel   Après rognage de Tx0-2 du Bloc

Un entête de bloc sans transaction devrait être au environ de 80 octets. Si nous supposons les blocs engendrés toutes les dix minutes, 80 octets * 6 * 24 * 365 = 4,2 MOctets par an. Avec les ordinateurs typiquement vendus avec 2 GOctets de RAM en 2008, et la loi de Moore prédisant une croissance courante de 1,2 GOctets par an, le stockage ne devrait pas être un problème même si les entêtes de blocs doivent être gardés en mémoire.

7. Demande d'espace disque (version simplifiée et détaillée du texte précédent)

Gestion de l'Espace de Stockage :

La gestion de l'espace de stockage est cruciale dans un réseau comme Bitcoin, où l'ensemble de l'historique des transactions est enregistré de manière décentralisée par de nombreux participants. Cela signifie que chaque nœud du réseau doit stocker l'intégralité de la blockchain.

Jet des Transactions Inutiles :

Une fois qu'une transaction a été confirmée et incluse dans un bloc, elle est considérée comme sécurisée. Il n'est donc plus nécessaire de la conservation en mémoire vive. Cependant, il est essentiel de conserver une empreinte numérique de cette transaction pour garantir l'intégrité de la blockchain.

Utilisation de l'Arbre de Merkle :

L'utilisation de l'arbre de Merkle est une technique clé pour économiser de l'espace tout en préservant l'intégrité de la blockchain. Cet arbre permet de regrouper un grand nombre de transactions en une seule empreinte numérique, appelée la racine de Merkle.

Plutôt que de stocker chaque transaction précédente individuellement, les nœuds du réseau stockent uniquement la racine de Merkle, ce qui réduit considérablement l'espace nécessaire.

Avantages pour l'Économie de l'Espace Disque :

Cette approche garantit que l'empreinte numérique du bloc est toujours conservée de manière permanente, garantissant que la blockchain est sécurisée.

Le texte explique que même avec une fréquence de blocs toutes les dix minutes, la quantité totale d'espace disque nécessaire pour stocker l'intégralité de la blockchain sur une année est relativement petite, ce qui est gérable même pour les ordinateurs de l'époque .

Perspectives d'Évolution :

Le texte souligne que la loi de Moore, qui prévoyait une croissance constante de la capacité de stockage des ordinateurs, signifie que même avec l'augmentation de la taille de la blockchain, le stockage ne devrait pas poser de problème majeur.

Impact sur l'Incitation à Participer au Réseau :

La récompense initiale (la "prime de résultat") pour l'ajout d'un bloc à la blockchain constitue une incitation importante pour les mineurs à participer au réseau Bitcoin. Cette prime, combinée aux frais de transaction, encourage les mineurs à sécuriser le réseau et à valider les transactions.

Transition vers une Blockchain sans Premier de Résultat :

Le texte mentionne que, à terme, lorsque toutes les pièces prévues seront émises, le premier de résultat pourrait être entièrement financé par les frais de transaction, ce qui rendrait le système totalement non inflationniste.

Incitation à la Conformité :

Le texte évoque également l'incitation à la conformité des mineurs. Si un acteur malveillant cherchait à prendre le contrôle du réseau Bitcoin en utilisant une puissance de calcul supérieure, il aurait plus intérêt à jouer selon les règles, car cela serait plus rentable que de saboter le système.

Cette partie du livre blanc de Bitcoin explique comment le réseau gère efficacement l'espace de stockage nécessaire pour stocker la blockchain tout en fournissant des incitations pour que les mineurs sécurisent le réseau. Elle montre comment l'utilisation de l'arbre de Merkle et d'autres techniques garantit que l'espace de stockage requis reste gérable malgré la croissance du réseau.

8. Vérification de paiement simplifiée (version originale du whitepaper traduite en Francais)

Il est possible de vérifier des paiements sans faire fonctionner un nœud complet du réseau. Un utilisateur a seulement besoin de garder une copie des entêtes de bloc de la plus longue chaîne assurée par la preuve-detravail, qu'il peut obtenir en requêtant les nœuds du réseau jusqu'à ce qu'il soit convaincu qu'il a la plus longue chaîne et obtienne la branche de Merkel liant la transaction au bloc l'horodatant. Il ne peut pas vérifier la transaction pour lui-même, mais en la liant à une place dans la chaîne, il peut voir que le réseau l'a acceptée, et les blocs ajoutés après le confirment.

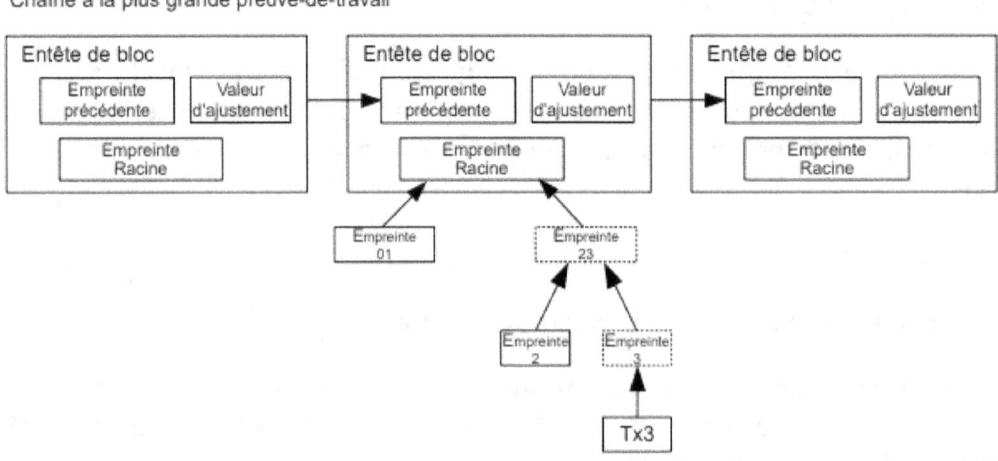

En tant que telle, la vérification est fiable tant que les nœuds honnêtes contrôlent le réseau, mais est plus vulnérable si le réseau est écrasé par la puissance d'un attaquant. Tant que les nœuds peuvent vérifier les transactions pour eux-mêmes, la méthode de vérification simplifiée peut être bernée par les transactions fabriquées d'un attaquant aussi longtemps que

l'attaquant continue à surpasser le réseau. Une stratégie pour se protéger contre cela serait d'accepter des alertes des nœuds du réseau qui détectent un bloc invalide, provoquant le téléchargement du bloc complet et des transactions suspicieuses par le logiciel utilisateur pour confirmer la divergence. Les entreprises qui reçoivent fréquemment des paiements voudront probablement faire fonctionner leurs propres nœuds pour une sécurité plus indépendante et une vérification plus rapide.

8. Vérification de paiement simplifiée (version simplifiée et détaillée du texte précédent)

Le Concept de Vérification Simplifiée :

La vérification simplifiée, également connue sous le nom de SPV (Simplified Payment Verification), est une méthode qui permet aux utilisateurs de vérifier la validité des transactions sans avoir à télécharger et stocker l'intégralité de la blockchain. Cela permet aux utilisateurs de Bitcoin d'économiser de l'espace disque et de la bande passante tout en restant capable de participer au réseau.

Les Éléments Nécessaires :

Pour effectuer une vérification simplifiée, un utilisateur doit conserver une copie des entêtes de bloc de la chaîne de blocs la plus longue. Les entêtes de bloc sont essentiellement des curriculum vitae de chaque bloc, et ils contiennent des informations critiques, y compris la preuve de travail. Les utilisateurs peuvent obtenir ces entêtes en interrogeant les nœuds du réseau Bitcoin.

La Liaison avec la Transaction :

Pour vérifier une transaction particulière, l'utilisateur a besoin de la "branche de Merkel" qui lie cette transaction à un bloc horodaté. La branche de Merkel est un arbre de hachage qui permet de reprendre toutes les transactions dans un bloc de manière compacte.

Fiabilité de la Vérification Simplifiée :

La vérification simplifiée est fiable tant que la majorité des nœuds du réseau sont honnêtes. L'utilisateur peut être sûr qu'une transaction est validée dès qu'il peut voir qu'elle a été acceptée par le réseau et que des blocs ont été ajoutés après.

Vulnérabilité face à un Attaquant :

Cependant, la vérification simplifiée devient vulnérable si un attaquant contrôle une grande partie du réseau Bitcoin. Si un attaquant peut générer suffisamment de puissance de calcul pour surpasser le réseau, il pourrait éventuellement créer des transactions frauduleuses et tromper les utilisateurs SPV.

Stratégies de Protection :

Pour se protéger contre cela, il est recommandé d'accepter les alertes des nœuds du réseau qui détectent un bloc invalide. Si un bloc est suspect, l'utilisateur SPV peut télécharger le bloc complet pour vérifier sa validité.

Utilisation par les Entreprises :

Les entreprises qui effectuent fréquemment des paiements en Bitcoin peuvent choisir de faire fonctionner leurs propres nœuds complets pour une sécurité plus indépendante et une vérification plus rapide.

La Vérification de Paiement Simplifiée (SPV) est une méthode efficace pour permettre aux utilisateurs de Bitcoin de vérifier la validité des transactions tout en économisant de l'espace disque et de la bande passante. Cependant, il est essentiel de prendre des mesures de protection, notamment l'acceptation d'alertes des nœuds du réseau, pour se prémunir contre les attaques potentielles. Les entreprises peuvent choisir d'utiliser des nœuds complets pour une sécurité accrue.

9. Combinaison et séparation des valeurs (version originale du whitepaper traduite en Francais)

Bien qu'il soit possible de manipuler les pièces individuellement, il serait peu commode de faire une transaction séparée pour chaque centime dans un transfert. Pour autoriser les valeurs à être scindées ou combinées, les transactions contiennent entrées et sorties multiples. Normalement il y aura soit une entrée unique provenant d'une plus grosse et précédente transaction ou plusieurs entrées combinant des plus petits montants et au moins deux sorties : une pour le paiement, et une pour le rendu de la monnaie, le cas échéant pour le payeur.

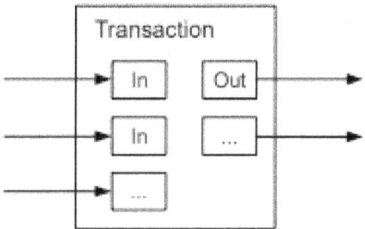

Il doit être noté que la dissémination, où une transaction dépend de plusieurs transactions, et que ces transactions dépendent de bien plus, n'est pas un problème ici. Il n'y a jamais le besoin d'une copie complète et autonome de l'histoire des transactions.

9. Combinaison et séparation des valeurs (version simplifiée et détaillée du texte précédent)

Manipulation des Pièces Individuelles :

Lorsque l'on parle de manipuler les pièces individuellement, il s'agit de la capacité de Bitcoin à gérer de petites quantités de monnaie, même si elles sont fractionnées en centimes ou en millièmes de bitcoin. Cela signifie que vous n'avez pas à traiter chaque petite unité séparément.

Entrées et Sorties Multiples :

Une transaction Bitcoin peut avoir une ou plusieurs entrées et sorties. Les entrées sont les montants de bitcoin provenant des transactions précédentes que vous dépensez, tandis que les sorties sont les destinations auxquelles vous envoyez ces montants. Par exemple, si vous avez reçu trois paiements de 1 bitcoin chacun, vous pouvez les combiner en une seule entrée de 3 bitcoins dans une nouvelle transaction.

Combinaison des Montants :

La combinaison des montants signifie que vous pouvez agréger plusieurs montants de bitcoin en une seule transaction. Par exemple, si vous avez reçu 10 paiements de 0,1 bitcoin chacun, vous pouvez les combiner en une seule transaction de 1 bitcoin.

Séparation des Montants :

À l'inverse, la séparation des montants vous permet de diviser un montant en plusieurs paiements plus petits. Par exemple, si vous avez 1 bitcoin et que vous souhaitez envoyer 0,1 bitcoin à dix personnes différentes, vous pouvez le faire dans une seule transaction en spécifiant dix sorties distinctes.

Diffusion des Transactions :

Les transactions Bitcoin peuvent dépendre des unes des autres, formant ainsi une chaîne de dépendance. Cela signifie qu'une transaction peut utiliser des sorties (UTXO, Unspent Transaction Outputs) d'autres transactions comme entrées. Cependant, il n'est pas nécessaire de stocker une copie complète de toutes les transactions passées pour vérifier une transaction. Les nœuds du réseau peuvent valider les transactions en se référant uniquement aux UTXO actuels, ce qui rend le système plus efficace.

La combinaison et la séparation des valeurs dans les transactions Bitcoin offrent une grande flexibilité aux utilisateurs pour gérer leurs fonds, en leur permettant de regrouper ou de diviser des montants selon leurs besoins. Cela rend le système Bitcoin adapté à une variété de cas d'utilisation, tout en garantissant la sécurité et l'efficacité des transactions grâce à la vérification décentralisée par les nœuds du réseau.

10. Vie privée (version originale du whitepaper traduite en Francais)

Le modèle bancaire traditionnel réalise un niveau de protection de la vie privée en limitant l'accès aux informations aux personnes concernées et au tiers de confiance. La nécessité d'annoncer toutes les transactions publiquement écarte cette méthode, mais la protection de la vie privée peut encore être assurée en rompant le flux d'information à un autre endroit : en gardant les clefs publiques anonymes. Le public peut voir que quelqu'un est entrain d'envoyer un montant à quelqu'un d'autre, mais sans information liant la transaction à quelqu'un. Ceci est similaire au niveau d'information remis par la bourse, où les heures et montants des échanges, le "carnet d'ordres", est publique, mais sans dire qui sont les parties.

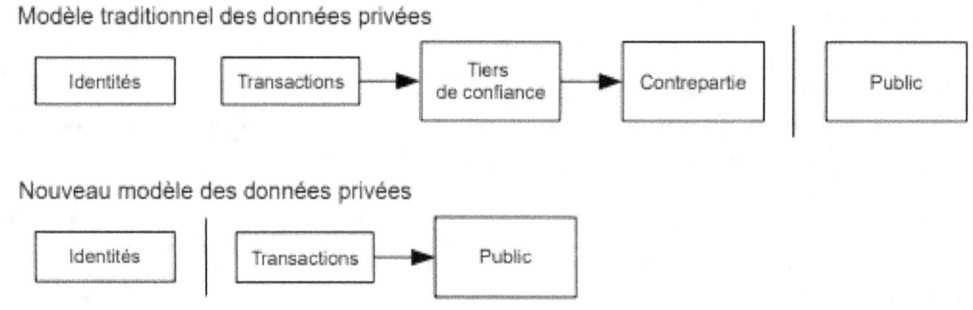

En guise de pare-feu additionnel, une nouvelle paire de clefs pourrait être utilisée pour chaque transaction afin de les garder non liées à un propriétaire commun. Toutefois, la liaison est inévitable avec les transactions multi-entrées, qui révèlent nécessairement que leurs entrées étaient détenues par un même propriétaire. Le risque est que si le propriétaire d'une clef est révélé, les liaisons peuvent révéler d'autres transactions qui ont appartenu au même propriétaire.

10. Vie privée (version simplifiée et détaillée du texte précédent)

Modèle de Protection de la Vie Privée du Système Bancaire Traditionnel :

Dans le modèle traditionnel du système bancaire, la vie privée des utilisateurs est préservée en limitant l'accès aux informations financières aux personnes concernées (titulaires de comptes) et à des niveaux de confiance, comme les banques. Les transactions sont généralement traitées de manière confidentielle, de sorte que seules les parties directement impliquées ont connaissance des détails.

Limitations du Modèle de Protection de la Vie Privée dans Bitcoin :

Cependant, Bitcoin fonctionne différemment. Il repose sur un registre public, la blockchain, qui enregistre toutes les transactions de manière transparente. Chaque transaction est visible par quiconque et stockée de manière permanente. Cela signifie que la vie privée telle qu'elle est conçue dans les systèmes bancaires traditionnels ne peut pas être directement appliquée à Bitcoin.

Maintien de l'Anonymat des Clés Publiques :

Pour préserver un certain degré de vie privée dans Bitcoin, il est crucial de conserver les clés publiques anonymes. Les clés publiques sont les adresses Bitcoin auxquelles les fonds sont envoyés. En gardant les clés publiques anonymes, on peut éviter de lier directement les transactions à des individus spécifiques.

Comparaison avec la Bourse :

Une analogie peut être faite avec la bourse, où les détails des échanges, tels que les heures et les montants, sont publics, mais sans révéler les identités des parties impliquées. De même, dans Bitcoin, il est possible de voir qu'un montant a été transféré d'une adresse à une autre, mais sans savoir qui se cache derrière ces adresses.

Utilisation de Nouvelles Paires de Clés pour Chaque Transaction :

Une méthode pour renforcer la vie privée consiste à utiliser une nouvelle paire de clés (adresse) pour chaque transaction. Cela permet de maintenir l'anonymat des transactions en occasionnant qu'elles ne soient directement liées à un propriétaire. Cependant, il est essentiel de noter que cette approche peut être moins efficace lorsque des transactions multi-entrées sont impliquées, car elles peuvent révéler que plusieurs entrées appartiennent au même propriétaire.

Risques de Révélation de la Vie Privée :

Le principal risque en matière de vie privée réside dans la révélation de la propriété d'une clé publique. Si la propriété d'une clé est révélée, cela peut permettre à des tiers de relier cette clé à d'autres transactions, compromettant ainsi la vie privée de l'utilisateur.

La préservation de la vie privée dans Bitcoin est un défi complexe en raison de la nature transparente de la blockchain. Cependant, des pratiques telles que le maintien de l'anonymat des clés publiques et l'utilisation de nouvelles paires de clés pour chaque transaction peuvent contribuer à protéger la vie privée des utilisateurs, bien que la protection totale de la vie privée puisse être difficile à atteindre, en particulier dans le contexte de transactions complexes.

11. Calculs (version originale du whitepaper traduite en Francais)

Nous considérons le scénario d'un attaquant essayant d'engendrer une chaîne alternative plus rapidement que la chaîne honnête. Même si une telle tâche est accomplie, elle n'ouvre pas la porte à tous les changements arbitraires, tels que créer de la monnaie ex nihilo ou prendre de l'argent qui n'a jamais appartenu à l'attaquant. Les nœuds ne vont pas accepter une transaction invalide comme paiement, et les nœuds honnêtes n'accepteront jamais un bloc les contenant. Un attaquant peut seulement essayer de changer une de ses propres transactions pour récupérer l'argent qu'il a dépensé récemment.

La course entre la chaîne honnête et la chaîne de l'attaquant peut être caractérisée par un Chemin Aléatoire Binomial. L'événement de succès est que la chaîne honnête est étendue par un bloc, augmentant son avance de +1 et un événement d'échec est l'extension de la chaîne de l'attaquant réduisant l'écart de -1.

La probabilité qu'un attaquant gagne en partant d'un retard initial est analogue au problème de la ruine du joueur. Supposez un joueur, disposant d'un crédit illimité qui part avec un retard et joue potentiellement un nombre infini d'essais pour essayer d'atteindre le point d'équilibre. Nous pouvons calculer la probabilité qu'il atteigne un jour l'équilibre, ou qu'un attaquant rattrape un jour la chaîne honnête, comme suit [8] :

p = probabilité qu'un nœud honnête trouve le prochain bloc.

q = probabilité que l'attaquant trouve le prochain bloc.

qz = probabilité que l'attaquant rattrape un jour en partant avec z blocs de retard.

$$q_z = \begin{cases} 1 & si\ p \leq q \\ \left(\dfrac{q}{p}\right)^z & si\ p > q \end{cases}$$

Étant donnée notre hypothèse que p > q, la probabilité chute de manière exponentielle avec l'augmentation du nombre de blocs que l'attaquant doit rattraper. Avec la chance contre lui, s'il ne fait pas une avancée chanceuse dès le début, ses chances s'amenuisent, d'autant plus qu'il recule.

Nous considérons maintenant combien de temps, le destinataire d'une transaction doit attendre pour être suffisamment certain que l'expéditeur ne peut plus la changer. Nous supposons que l'expéditeur est un attaquant qui veut faire croire pour un temps au destinataire qu'il l'a payé, puis, inverse la transaction pour se rembourser après période. Le destinataire sera alerté lorsque cela arrivera, mais l'expéditeur espère qu'il sera trop tard.

Le destinataire engendre une nouvelle paire de clefs et donne la clef publique à l'expéditeur juste avant la signature. Ceci évite que l'expéditeur prépare une chaîne de blocs à l'avance en travaillant dessus continuellement jusqu'à ce que la chance lui permette d'être suffisamment en avance, et d'exécuter alors la transaction. Une fois la transaction envoyée, l'expéditeur malhonnête commence à travailler en secret sur une chaîne parallèle contenant une version alternative de sa transaction.

Le destinataire attend jusqu'à ce que la transaction soit ajoutée à un bloc et z blocs ont été liés après. Il ne connaît pas l'avancement exact que l'attaquant à réalisé, mais en supposant que les blocs honnêtes ont pris le temps moyen attendu par bloc, l'avancement potentiel de l'attaquant suivra une loi de Poisson avec la valeur attendue :

$$\lambda = z \cdot \dfrac{q}{p}$$

Pour obtenir la probabilité que l'attaquant puisse encore rattraper, nous multiplions la densité de la loi de Poisson pour chaque montant d'avancement il pourrait avoir, par la probabilité qu'il ait rattrapé depuis ce point :

$$\sum_{k=0}^{\infty} \frac{\lambda^k \cdot e^{-\lambda}}{k!} \cdot \begin{cases} \left(\frac{q}{p}\right)^{(z-k)} & si \quad k \leq z \\ 1 & si \quad k > z \end{cases}$$

En réarrangeant pour éviter de sommer la série infinie de la distribution :

$$1 - \sum_{k=0}^{z} \frac{\lambda^k \cdot e^{-\lambda}}{k!} \cdot \left(1 - \left(\frac{q}{p}\right)^{(z-k)}\right)$$

En convertissant en code C :

```
#include <math.h>

double AttackerSuccessProbability(double q, int z)
{
    double p = 1.0 - q;
    double lambda = z * (q / p);
    double sum = 1.0;
    int i, k;
    for (k = 0; k <= z; k++)
    {
        double poisson = exp(-lambda);
        for (i = 1; i <= k; i++)
            poisson *= lambda / i;
        sum -= poisson * (1 - pow(q / p, z - k));
    }
    return sum;
}
```

En obtenant quelques résultats, nous pouvons voir que la probabilité chute de manière exponentielle avec z

q=0,1

z=0 p=1,0000000

z=1 p=0,2045873

z=2 p=0,0509779

z=3 p=0,0131722

z=4 p=0,0034552

z=5 p=0,0009137

z=6 p=0,0002428

z=7 p=0,0000647

z=8 p=0,0000173

z=9 p=0,0000046

z=10 p=0,0000012

q=0,3

z=0 p=1,0000000

z=5 p=0,1773523

z=10 p=0,0416605

z=15 p=0,0101008

z=20 p=0,0024804

z=25 p=0,0006132

z=30 p=0,0001522

z=35 p=0,0000379

z=40 p=0,0000095

z=45 p=0,0000024

z=50 p=0,0000006

En résolvant pour P inférieur à 0,1%...

P < 0,001

q=0,10 z=5

q=0,15 z=8

q=0,20 z=11

q=0,25 z=15

q=0,30 z=24

q=0,35 z=41

q=0,40 z=89

q=0,45 z=340

11. Calculs (version simplifiée et détaillée du texte précédent)

Cours entre la Chaîne Honnête et la Chaîne de l'Attaquant :

Dans cette partie, le livre blanc aborde la situation où un attaquant tente de créer une chaîne alternative (par exemple, en imposant de valider des transactions frauduleuses) plus rapidement que la chaîne honnête. Cela peut se produire dans le but de modifier des transactions passées pour récupérer de l'argent ou pour réaliser d'autres activités malveillantes.

Limites de l'Attaquant :

Le livre blanc souligne que l'attaquant a des limites. Il ne peut pas simplement créer de la monnaie à partir de rien ou voler de l'argent qui n'était pas le sien à l'origine. Les nœuds du réseau Bitcoin sont conçus pour rejeter les transactions invalides ou frauduleuses, et les nœuds honnêtes ne valideront pas les blocs contenant de telles transactions.

Probabilités de Succès de l'Attaquant :

Pour évaluer les chances de succès de l'attaquant, l'auteur utilise une analogie avec le problème mathématique de la "ruine du joueur". Dans ce cas, l'attaquant part avec un désavantage initial et essaie de rattraper la chaîne honnête en créant une chaîne alternative. Les probabilités de succès dépendent des probabilités que le nœud honnête et l'attaquant trouvent le prochain bloc.

Loi de Poisson :

La discussion se poursuit en provoquant comment la probabilité que l'attaquant réussisse à rattraper la chaîne honnêtement diminue de manière exponentielle à mesure que le nombre de blocs à rattraper augmente. La "loi de Poisson" est utilisée pour modéliser cette probabilité, fournissant ainsi un cadre mathématique pour évaluer la sécurité du réseau.

Délai de Confirmation des Transactions :

Une question importante est également abordée : combien de temps un destinataire de transaction doit-il attendre pour être sûr que l'expéditeur ne peut plus modifier la transaction ? Le temps nécessaire dépend de la probabilité que l'attaquant puisse rattraper la chaîne honnête. Le destinataire génère donc une nouvelle paire de clés pour chaque transaction, ce qui rend difficile pour l'attaquant de prédire lorsque la transaction sera confirmée de manière irréversible.

Cette partie du livre blanc explique les mécanismes de sécurité et les calculs mathématiques qui sous-tendent le fonctionnement de Bitcoin. Elle met en évidence la résistance du réseau Bitcoin aux attaques potentielles en montrant comment la probabilité de succès de l'attaquant diminue de manière exponentielle avec le temps et la distance entre les chaînes. Cette discussion illustre la robustesse et la fiabilité du réseau Bitcoin dans la sécurisation des transactions et la protection contre les activités malveillantes.

12. Conclusion (version originale du whitepaper traduite en Francais)

Nous avons proposé un système de transactions électroniques se passant de confiance. Nous avons commencé avec un cadre de fonctionnement ordinaire de pièces de monnaie établies par des signatures électroniques, qui offre un contrôle puissant de la propriété, mais qui est incomplet sans moyen d'éviter la double-dépense. Pour résoudre cela, nous avons proposé un réseau pair-à-pair utilisant la preuve-de-travail pour enregistrer une histoire publique des transactions, qui devient rapidement impraticable à un attaquant de modifier si les nœuds honnêtes contrôlent la majorité de la puissance CPU.

Le réseau est robuste dans sa simplicité non structurée. Les nœuds travaillent tous ensemble avec peu de coordination. Ils n'ont pas besoin d'être identifiés, puisque les messages ne sont pas routés vers des destinations particulières et ont seulement besoin d'être livrés au mieux. Les nœuds peuvent quitter et rejoindre le réseau à leur gré, en acceptant comme preuve la chaîne de preuve-detravail de ce qui s'est passé en leur absence. Ils votent avec leur puissance CPU, exprimant leur acceptation des blocs valides en travaillant à les étendre et à rejeter les blocs invalides en refusant de travailler dessus. Toutes les règles et primes de résultat nécessaires peuvent être imposées avec ce mécanisme de consensus.

12. Conclusion (version simplifiée et détaillée du texte précédent)

Résumé détaillé de la Conclusion du Livre Blanc de Bitcoin :

La Conclusion du livre blanc de Bitcoin est essentiellement un récapitulatif des principaux éléments du système Bitcoin.

Système de Transactions Électroniques sans Confiance :

Le créateur de Bitcoin a imaginé un système de transactions électroniques qui fonctionne sans nécessiter la confiance en une autorité centrale. Ce système repose sur des signatures électroniques pour prouver la propriété de la monnaie. Il est conçu pour résoudre le problème de la double dépense, où une même unité de monnaie pourrait être dépensée deux fois.

Le Rôle de la Preuve-de-Travail :

Pour garantir la sécurité du système, Bitcoin utilise un concept appelé « preuve-de-travail ». Cela signifie que pour ajouter une transaction à la chaîne de blocs publics, un mineur doit résoudre un problème mathématique complexe. Ce processus rend extrêmement difficile la modification des transactions passées, à moins que la majorité des mineurs ne collaborent à cette modification.

Simplicité du Réseau :

L'une des caractéristiques notables du réseau Bitcoin est sa simplicité. Les nœuds du réseau ne nécessitent pas d'identification, et les messages ne sont pas spécifiés à des destinataires spécifiques. Ils sont simplement propagés au réseau, et chaque nœud les reçoit. Les nœuds travaillent ensemble pour étendre la chaîne de blocs en ajoutant de nouveaux blocs contenant des transactions valides.

Flexibilité et Consensus :

Toutes les règles nécessaires au fonctionnement du système sont mises en place grâce au mécanisme de consensus. Les nœuds expriment leur accord en continuant à travailler sur les blocs valides et en refusant de travailler sur les blocs invalides. C'est ainsi que le réseau parvient à un consensus sur les transactions.

La Conclusion du livre blanc de Bitcoin met en lumière la création d'un système de transactions électroniques décentralisées, où la confiance en une entité centrale est remplacée par un réseau basé sur la preuve de travail. Ce réseau se caractérise par sa simplicité, sa flexibilité et sa capacité à atteindre un consensus sans avoir besoin d'identifications ou d'autorités centrales. Il s'agit d'une avancée majeure dans le domaine des transactions électroniques, permettant une monnaie numérique décentralisée et résistante à la censure.

References

[1] W. Dai, "b-money," 1998.

[2] H. Massias, X.S. Avila, and J.-J. Quisquater, "Design of a secure timestamping service with minimal trust

requirements," In 20th Symposium on Information Theory in the Benelux, May 1999.

[3] S. Haber, W.S. Stornetta, "How to time-stamp a digital document," In Journal of Cryptology, vol 3, no 2, pages 99-

111, 1991.

[4] D. Bayer, S. Haber, W.S. Stornetta, "Improving the efficiency and reliability of digital

time-stamping," In Sequences

II: Methods in Communication, Security and Computer Science, pages 329-334, 1993.

[5] S. Haber, W.S. Stornetta, "Secure names for bit-strings," In Proceedings of the 4th ACM Conference on Computer

and Communications Security, pages 28-35, April 1997.

[6] A. Back, "Hashcash - a denial of service counter-measure," 2002.

[7] R.C. Merkle, "Protocols for public key cryptosystems," In Proc. 1980 Symposium on Security and Privacy, IEEE

Computer Society, pages 122-133, April 1980.

[8] W. Feller, "An introduction to probability theory and its applications," 1957

Voici une brève biographie de chaque personne mentionnée dans les références :

Wei Dai [1] : Wei Dai est un informaticien et cryptographe américain, surtout connu pour avoir proposé "b-money" en 1998, un système de monnaie électronique décentralisée qui a jeté les bases pour le développement ultérieur des cryptomonnaies telles que Bitcoin.

Henri Massias [2] : Henri Massias est un chercheur en informatique qui a contribué à la conception d'un service de marquage temporel sécurisé avec des exigences minimales en matière de confiance. Son travail a été présenté lors du 20e Symposium sur la Théorie de l'Information dans le Benelux en 1999.

Stuart Haber [3, 4, 5] : Stuart Haber est un cryptographe américain qui, en collaboration avec W. Scott Stornetta, a publié des travaux sur la manière de dater numériquement un document, jetant ainsi les bases de la technologie de la preuve de horodatage. Leurs travaux originaux datent de 1991, et ils ont continué à travailler sur l'amélioration de cette technologie au fil des ans.

W. Scott Stornetta [3, 4, 5] : W. Scott Stornetta est un cryptographe américain qui a collaboré avec Stuart Haber sur le développement de techniques de marquage temporel pour les documents numériques. Leur travail conjoint a contribué à la création de ce qu'on appelle aujourd'hui la "preuve de timestamp".

Adam Back [6] : Adam Back est un cryptographe britannique qui a créé "Hashcash" en 2002, un mécanisme de preuve de travail utilisé pour lutter contre les attaques de type déni de service (DDoS). Hashcash a également influencé le concept de "preuve de travail" dans Bitcoin.

Ralph C. Merkle [7] : Ralph C. Merkle est un scientifique de l'informatique américain qui a contribué aux protocoles de cryptosystèmes à clé publique. Son travail a été présenté lors du Symposium sur la Sécurité et la Vie Privée de 1980 et a joué un rôle clé dans le développement de la cryptographie moderne.

William Feller [8] : William Feller était un mathématicien hongro-américain, célèbre pour son travail dans la théorie des probabilités. Son livre "An Introduction to Probability Theory and Its Applications" (1957) est largement utilisé comme référence dans le domaine des probabilités et de la statistique.

Ces chercheurs et cryptographes ont tous contribué de manière significative à l'évolution des concepts et des technologies qui sont à la base des cryptomonnaies comme Bitcoin, ainsi qu'à la sécurité de l'information et de la cryptographie.

Tous droits réservés. Aucune partie de ce livre ne peut être reproduite, stockée dans un système de recherche ou transmise, sous quelque forme ou par quelque moyen que ce soit, électronique, mécanique, photocopie, enregistrement ou autre, sans l'autorisation préalable de l'éditeur, sauf dans le cas de brèves citations incorporées dans des articles critiques et autres revues.

Bien que tous les efforts aient été faits pour garantir l'exactitude des informations contenues dans ce livre, l'auteur et l'éditeur déclinent toute responsabilité en cas de changements, ou pour l'interprétation de l'information contenue dans cette publication. Les opinions exprimées dans ce livre sont celles de l'auteur et ne reflètent pas nécessairement celles de l'éditeur.

© [2023] par [Mat.F] ISBN [9798305006865]